근거없는 자신감으로
세상과 마주하라

비틀거리는 청춘을 위한 5단계 멘토링

큰 거 없는
자신감으로
세상과 마주하라

센다 다쿠야 지음 | 황미애 옮김

도서
출판 프리뷰

자신감을 갖는 데는 근거가 필요 없다.
'근거 없는 자신감'이 진짜 자신감이다.

들어가는 글

'이성에게 잘 보이려면 먼저 스스로 자신감을 가져라.'

'성공하기 위해서는 자신감이 중요하다.'

지금까지 이런 말은 수도 없이 들었을 것이다.

자신이 있으면 성공할 수 있다는 것은 누구나 공감하는 말이다.

인생에서 자신을 가지는 것이 중요하다는 것도 누구나 안다.

다 옳은 말이고 반론할 여지가 없다.

하지만 어떻게 하면 자신감을 갖게 되는지는 누구도 가르쳐 주지 않는다.

성공한 사람들에게 '어떻게 하면 자신감을 가질 수 있습니까?' 라고 아무리 물어 봐도 마음에 와닿는 답이 돌아오지 않는다.

돌아오는 답이라야 겨우 이런 정도일 것이다.

'노력해서 실적을 쌓으세요.'

'결심을 단단히 하세요.'

'늘 감사하는 마음을 가지세요.'

나는 녹초가 될 정도로 열심히 노력하고 있다.

결심은 신경쇠약에 걸릴 정도로 단단히 하고 있다.

나는 보통 하루에 1백 번 사람들에게 고맙다는 인사를 한다.
이렇게 열심히 하는데도 확실한 자신이 없다. 자신은커녕
자신을 가지려고 노력하면 할수록 자신은 더 없어진다.
이것이 바로 자신감의 본질이다.

이 책에서는 가공의 인물인 멘토와 멘티 두 사람의 대화를
통하여 자신감에 대해 이야기한다.
두 사람의 등장인물이 나누는 이야기는 내가 지금까지 대화
해 왔던 1만 명의 에센스를 한데 모아 엮은 것이다.
모든 것은 나 자신의 경험과 1만 명이 보여 준 단편적인 사
실을 유기적으로 모아놓은 것이다.
진정한 자신감을 가지기 위한 기술은 놀라울 정도로 단순하다.
아인슈타인의 $E=mc^2$와 같이 진실은 항상 단순하다.
독자 여러분에게 있어서 이 책이 진정한 자신감을 손에 넣
을 수 있는 계기가 되기를 바란다.

2012년 3월 좋은 날 미나미아오야마의 서재에서 센다 다쿠야

등장인물

남자. 35세. 집필가. 경영 컨설턴트

다수의 베스트셀러를 쓴 저자. 이미 샐러리맨을 하면서 평생 동안 필요한 돈을 다 벌었고, 여러 조직에서 고문으로 일하고 있음. 한 달에 25일은 도쿄의 오모테산도에 있는 서재에서 여유 있게 사색에 잠기거나, 가족과 디즈니랜드에 가서 놀면서 매일 여름휴가 같은 인생을 보내고 있음.

남자. 29세. 출판사 영업사원

1년 재수 후에 입학한 유명 사립대학을 졸업한 후 이름 있는 출판사에 취직. 입사 5년 동안 출판 편집을 담당하다가 올해 서점 영업으로 발령이 나면서 의기소침해 있음. 편집 업무를 할 때 센타로씨가 쓴 책의 편집을 담당한 인연으로 지금도 가끔 인생 상담을 받고 있음.

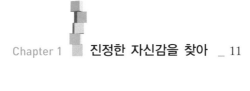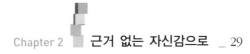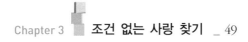

Chapter 1

진정한 자신감을 찾아

아키라 😊 안녕하세요.

센타로 선생님, 오랜만이에요. 시간을 내 주셔서 감사합니다.

센타로 😊 오랜만이에요.

아직도 끙끙대고 있나요?

아키라 😊 바로 눈치 채시는군요. 그런대로 그럭저럭 지냅니다만… 선생님 말씀이 맞아요. 저는 늘 그렇지요 뭐.(쓴웃음) 그런데 내가 끙끙댄다는 걸 어떻게 바로 아셨어요?

센타로 😊 아키라씨가 나를 찾아오는 건 항상 고민이 있을 때였으니까.

고민한다는 것은 살아 있다는 증거인데.

아키라 😊 그런 말씀은 아무 위로도 되지 않아요!

아키라 🖐 전부터 물어 보고 싶었는데요. 선생님의 그 여유로움은 도대체 어디에서 나오는 것입니까? 뭐라고 할까… 선생님은 언제 만나도 늘 표정이 밝거든요. 더 솔직히 말씀드리자면, 제가 신입사원 시절부터 5년 동안, 볼 때마다 매년 더 젊어지시는 것 같아요. 자신감 덩어리라고 할까….

센타로 👤 무슨 말인지 이해가 가요.
아키라씨는 지금 자신감이 없다는 말이군요.

아키라 🖐 아…. 역시 선생님한테는 숨길 수가 없군요. 그래요. 지금 그저 억지로 일을 하고 있고, 열심히 일할 의지도 없어요. 자신감을 완전히 놓아 버린 거지요.

센타로 👤 아키라씨도 전에는 자신 있지 않았어요?

아키라 ✋ …네. 지금은 이렇지만 전에는 자신이 있었어요. 프라이드도 있었고요. 제가 가고 싶어 한 유명 사립대학을 졸업하고, 꿈에 그리던 출판사에도 무사히 취직했지요. 각 분야에서 성공한 존경하는 분들께 '책을 출판해 보시지 않겠습니까?' 라고 제안하면, 웬만하면 다 만나 주셨어요. 그래서 입사 직후에는 저도 선택받은 사람이라는 자부심으로 가득했답니다. 그런 때가 있었지요.

셴타로 🌑 그럼, 왜 지금은 자신이 없어졌어요?

아키라 ✋ …실은 편집부에서 밀려났습니다. 제가 출판사에 입사한 것은 어디까지나 편집을 하기 위한 것이었는데, 어제 있은 인사발령에서 영업부로 옮기게 됐어요. 솔직히 입사한 다음 지금까지 잘 팔리는 책을 만들지 못했어요. 그래서 '너는 외근하면서 좀 더 배우고 와라.' 뭐 이런 의도가 아닐까요….

셴타로 🌑 영업부에서는 어떤 일을 해요?

아키라 🖐 담당 지역에 있는 서점을 방문해서 지금까지 출판된 책을 팔고, 좋은 장소에 책이 진열되도록 부탁을 하는 것입니다.

센타로 😊 그렇군요. 그건 재미있을 것 같은데.

아키라 🖐 그런가요?
저는 영업이라는 것을 해 본 적이 없는데, 갑자기 영업을 하라고 하니….
자신이 없어요.
그래서 앞으로 여기서 편집 일을 할 수 없다면, 다른 출판사로 옮겨 볼까 하는 생각도 하고 있습니다.

센타로 😊 그래요.
그렇다면 자신감을 잃은 게 분명하군요.

아키라 🖐 그렇습니다.
지금까지 저 나름대로 엘리트 코스를 달릴 계획이었는데, 일이 틀어져서 전혀 생각지 않은 쪽으로 가게 됐으니까요….

센타로 🧓 자신감이 많이 위축되었군요.

아키라 😣 한심하지만, 그 말씀이 맞아요. 더 심한 말씀을 하셔도 됩니다.
스스로 생각해도 쓸모없는 사람이 된 기분입니다. 인기 좋은 편집부에는 돌아가지 못하고, 인생이 이대로 끝나 버릴지도 몰라요.

센타로 🧓 혹시 전부터 자신이 없었던 게 아닐까 하는 생각이 드는군요.

아키라 😮 네?
편집부에 있을 때는 저도 나름대로 자신감이 있었어요.

센타로 🧓 그렇구나.
바로 그게 문제에요.

아키라 👏 문제라니요?

누구라도 마음의 버팀목이 없어지면 자신이 없어지는 것 아닌가요….

센타로 ✋ 과연 진짜 그럴까요?

좀 더 냉정하게 생각해 봐요.

아키라 👏 …하긴 선생님은 달랐어요.

5년 전, 제가 아직 신입사원이던 시절에 선생님의 서재를 방문했을 때나 지금이나 변함이 없습니다. 항상 담담하세요. 이런 여유로움은 도대체 어디서 오는지 신기하다고 생각했습니다.

센타로 ✋ 그렇게 보이나요?

아키라 👏 네. 그렇게 보입니다. 분명히 말씀드리면 선생님의 느긋하신 모습을 보면 저는 기가 죽어요.

솔직히 말해 5년 전에 선생님은 젊은 데다 실적도 없었습니다. 겨우 책 두세 권이 출판되었고, 그마저도 별로 인기 없는 책이었어요.

센타로 🙂 기억력이 좋군요. (웃음) 고마워요.

아키라 ✋ 그런데도….

센타로 🙂 그 말은?

아키라 ✋ 선생님은 마치 베스트셀러 작가같이 침착하고, 말씀하시는 게 당당했어요. 뭐라고 할까… 이미 몇 백 권의 책을 출판한 성공한 사람이 보이는 아우라를 가지고 있었어요. 말로 잘 표현이 안 되지만….

센타로 🙂 고마워요.(웃음) 최고의 칭찬을 받았네요.

아키라 ✋ 그런 면에서는 그때나 지금이나 변함이 없어요. 본업인 경영 컨설턴트로 성공하셨고, 젊은 베스트셀러 저자의 반열에 올라가셨어도 처음 만났을 때와 똑같은 리듬을 갖고 계신다는 느낌을 받아요.

셴타로 🙂 똑같은 리듬이라면? 성장하지 않았다는 말처럼 들리는데. (웃음)

아키라 ✊ 아니요, 그런 뜻이 아니에요.
아마 제가 바라는 흔들림 없는 자신감을 선생님이 가지고 있어서가 아닐까요.

셴타로 🙂 '흔들림 없는 자신'이라는 것은 좋은 키워드네요.
다음 집필에서 이 말을 사용해도 될까요? (웃음).

아키라 ✊ 예, 저는 흔들림 없는 자신을 갖고 싶어요.

셴타로 🙂 그러면 흔들림 없는 자신에 관해서 함께 생각해 볼까요.

아키라 ✊ 감사합니다! 진짜 좋은 말씀 부탁드립니다.

'근거 없는 자신감'을 가져라!

센타로 아키라씨는 본인한테 흔들림 없는 자신감이 없다고 생각하지요?

아키라 네. 그렇게 생각해요.
선생님께서 말씀하신대로 제가 진짜가 아니라 가짜 인생을 살고 있다는 생각이 들어요.

센타로 그렇군요.
그렇다면 도대체 나와 아키라씨는 서로 어떤 점이 다른 걸까요?

아키라 뭐라고 해야 할까…. 저는 항상 사람들에게 인정받을 근거가 필요해요. 좋은 대학을 나오거나, 출판사에 입사해서 편집 부문에서 일하는 것과 같은 근거 말입니다. 다른 사람의 눈에 보여줄 눈에 보이는 근거가 없으면 자신을 갖지 못하죠.

셴타로 🧑 다시 말해 아키라씨의 기준은 '세상의 눈'이라고 이해하면 될까요?

아키라 ✋ 흑, 억울하지만 비슷하네요. 아니, 꼭 맞는 말씀이세요.

셴타로 🧑 세상의 눈을 의식하는 자신은 진정한 자신이 아니에요.

아키라 ✋ 유감스럽게도 저는 세상에서 인정받을 수 있는 훈장을 받는 것 외에는 자신감을 가지는 방법을 모릅니다.

셴타로 🧑 그 마음은 알겠지만, 훈장이나 남의 눈에 보이는 근거를 토대로 한 자신감은 언젠가 산산조각이 나서 무너져 버려요.

아키라 🖐 그게 무슨 뜻이에요?

좀 더 자세히 말씀해 주세요.

센타로 🧑 예를 들어, 아키라씨가 고등학교 때 육상 남자 100m 경주에서 11초 플랫을 한 기록을 가지고 있다고 해 봅시다. 무슨 말인지 상상이 가나요?

아키라 🖐 응~ 그렇게 되면 학창시절에 슈퍼스타가 되고, 인기가 많았을 거예요.

센타로 🧑 그렇겠죠.

상상만 해도 기분 좋은 일이지요? 이런 게 바로 얼마 전까지 아키라씨가 처한 상태였어요.

아키라 🖐 얼마 전까지 제 상태요?

센타로 🧑 100m를 11초 플랫으로 달리는 것과 같은 근거가 있었던 셈이죠. 좋은 대학을 나오고, 원하는 회사에 들어가 원하는 부서에서 일한다는 근거 말이에요. 세상 사람들의 눈에 비치는 그런 근거 위에서 살아 온 거지요?

아키라 ✋ 맞아요. 그렇습니다. 근거가 있으니까 자신이 있었고요…. 당연한 것 아닌가요?

센타로 🧑 내 말이 무슨 뜻인지 정말 모르겠어요?

아키라 ✋ 근가 있는 자신감이라면, 그 근거가 없어지면….

센타로 🧑 맞아요.
근거가 없어지면, 그 자신감은 끝나 버린다는 말이지요.

아키라 ✋ 하긴 다시 생각해 보면, 아무리 100m를 11초 플랫으로 달린다고 해도 올림픽 대표선수는커녕 전국체전 선수로 뛸 가능성도 별로 없네요.

센타로 🙂 다른 사람의 일은 이해가 잘 가지요?

그런데 중요한 것은 항상 자기 자신에 관한 일이에요. 그걸 자기 일이라고 생각하면 어떨까요?

아키라 ✋ …진짜 저와 똑같네요.

100m를 11초 플랫으로 달리고 고향에서 유명해져도, 그 후에 활약하는 곳은 겨우 고향의 마을 운동회 정도겠네요.

센타로 🙂 그래요. 자기 자신에게 근거를 요구하면 할수록, 반드시 어디에선가 실망하게 되지요.

대체로 근거 지상주의자는 자신이 가진 근거만 믿기 때문에 남에게 매우 위협적인 존재가 되지요. 그러나 자기보다 압도적인 근거를 가진 실력자를 만나게 되는 순간, 놀랄 정도로 자신이 약하다는 사실을 깨닫게 되요.

아키라 👏 나 자신의 일이라고 생각하니 겁이 덜컥 나네요. 그런 사실을 현실에서 깨닫는 시기가 늦어질수록 재기불능이 되겠군요. 근거는 금물이라는 것을 알겠어요.

부끄럽지만, 선생님이 하시는 말씀이 옳다는 생각이 듭니다. 선생님께는 항상 두 손 들지만….

셴타로 🧑 인생의 초기 단계에서 그걸 깨닫는다면 다행이지요.

아키라 👏 맞아요. 정말 감사드립니다! 이 상태로 더 지났으면 저는 계속 낙담하고 더 힘들어했을 거예요.

셴타로 🧑 다행이네요. 얼마나 기적적으로 태어난 인생인데, 낙담만 하도록 내팽개쳐 두면 아깝잖아요.

아키라 👏 …그런데 선생님, 근거 있는 자신감은 가짜라는 것은 무슨 말씀인지 이해하겠는데요. 그렇다면 '흔들림 없는 자신감' 을 갖는 데는 아무런 근거도 필요 없다는 뜻이에요?

센타로 🗣 그래요.

바꿔 말하면, 근거가 필요 없으니까 어떤 일이 생겨도 흔들리지 않는 거지요.

아키라 😊 그렇군요.

그러면 이제 근거 없는 자신에 대해 말씀해 주세요. 사실 지금의 저에게는 근거가 필요 없는 자신감이라는 말은 꿈속에서 꾸는 꿈같은 이야기니까….

센타로 🗣 꿈속의 꿈이라고? (웃음)

자, 그러면 이제부터 '근거 없는 자신감'에 대하여 함께 생각해 보도록 합시다.

아키라 😊 와! 기대가 되요, 선생님. 다시 기운이 나기 시작했어요.

Chapter 2

근거 없는 자신감으로

> ### '근거 없는
> 자신감'이란
> 크게 착각하는 것

센타로 🙇 결론부터 말한다면, 한마디로 말해 '근거 없는 자신감'이라는 것은 크게 착각하는 것입니다.

아키라 ✋ 네? 크게 착각하는 것이라고요?

센타로 🙇 그래요.
근거 없는 착각은 '근거 있는 자신감'과 달리 강력합니다. 처음부터 착각하고 있으니까, 자기보다 근거가 많은 사람이 눈앞에 나타나도 약해지지 않지요.

아키라 ✋ 하하하…그건 그렇군요!

센타로 🙇 그래서 크게 착각하는 것이 근거 없는 자신감을 얻기 위해서 중요한 거예요.

아키라 선생님도 크게 착각하고 계십니까?

센타로 물론이지요. 누가 뭐라고 해도 꿈쩍도 하지 않을 정도로 크게 왕창 착각하고 있지요. (웃음)

아키라 그래도 다른 사람과 경쟁해서 지게 되면 분한 감정이 생길 텐데요. 선생님은 정말 그런 감정이 없어요?

센타로 아키라씨의 기대에 미치지 못해서 미안하지만, 지금 생각을 솔직히 말하면 초등학교 때 반 대항 달리기 시합에서 코너를 돌면서 다른 반 학생한테 따라잡힐 때 기분 정도에요.
사실 그때는 분했지요. 좋아하는 여자아이 앞에서 뒤쳐졌으니까.

아키라 ….

센타로 🙂 왜 아무 말이 없어요?

아키라 🖐 그것 말고는 좌절한 경험이 없어요?

센타로 🙂 오해하지 말기 바랍니다. 보통 사람들이 좌절이라고 생각하는 일이라면 나도 셀 수 없이 많이 경험했다고 생각해요.

다만 내 머릿속에는 좌절이라는 말이 존재하지 않습니다. 물론 좌절이라는 말이 무슨 뜻인지는 알지만, 내가 정말 피부로 느끼는 좌절이란 없었다는 말이에요.

'크게 착각하는 것'은
'근거 있는 자신감'보다 더 강하다

아키라 🖐 그게 플러스 사고라는 것입니까?

셴타로 😊 플러스 사고? 플러스 사고라는 것은 본래 자신이 마이너스라는 점을 어렴풋이 알고 있으면서 무리해서 플러스라고 생각하려는 것이겠지요. 아닙니까?

아키라 🖐 하하하…그럴지도 모르겠군요.

셴타로 😊 내 경우는 조금 뉘앙스가 달라요.
'…일지도 모르겠다' 라고 생각하면서 일단 행동에 옮깁니다. 그런데 내가 틀렸어요. 그러면 없었던 일로 합니다. '아, 이 길은 가면 안 되는 길이구나' 라고 확인할 수 있었다는 데 대해 의의를 갖는 것이죠.
그러면 '좋아! 자, 다음에는 다른 길로 도전해 보자' 라는 설렘이 생긴단 말이에요.
100번 가면 안 되는 길을 갔어도 101번째에는 가게 될지 몰라. 1000번 가면 안 되는 길을 갔어도 1001번째에는 가게 될지 몰라. 이렇게 생각하면 '가면 안 되는 길을 간 것' 과 '갈 수 있는 길을 간 것' 은 결국 같은 것이 되요.

아키라 😊 이제 공감이 되요!

선생님은 벽에 부딪히면 그걸 즐기시는 것 같습니다. 마치 어린 아이같이 눈을 반짝반짝 거리면서 말이에요. 전부터 그런 모습을 보고 신기하다고 생각했어요! 이 사람은 마조히스트가 아닐까라는 생각이 들기도 했답니다.

이런 말씀을 드려 실례했습니다. (땀)

센타로 😐 지금까지 나와 일하면서 벽에 부딪친 기분이 든 적이 있었나요?

'플러스 사고'란 마이너스라는 사실을
알면서, 무리해서
플러스라고 생각하려는 것이다.

아키라 👏 물어 보시니까 말씀드리는데, 처음에는 제가 담당한 책이 잘 팔리지 않았잖아요. 선생님은 계속 열심히 집필해 주셨는데, 제가 미숙해서 책이 제대로 팔리지 않았어요….

그런데도 왜 제가 선생님으로부터 버림을 받지 않는지 그게 항상 궁금했습니다.

센타로 🧑 버리다니. 나는 아키라씨를 내 은인이라고 생각하고 있어요. 열심히 일하고 신속하게 '이것은 아니다' '이 부분은 필요 없다' 라는 말을 해 주었잖아요. 그 덕분에 결국 내가 이렇게 확실하게 히트를 치지 않았습니까? 내 말 듣고 있어요?

아키라 👏 흑 …. (눈물) 미안합니다. 그런 말을 들으니 기뻐서 그만.

센타로 🙂 운거에요? 여기, 화장지.

아키라 🙌 고맙습니다. 신속하게 가설을 검증해서 잘못된 부분을 고치고…. 이런 반복이 성과로 결실을 맺은 것은 말씀하신 대로 사실인지도 모르겠네요.

요즘 같은 출판 불황에도 선생님은 느긋하게 휴식을 취하시고, 어딘지 모르게 딴 세상에서 살고 계신 듯이 보입니다. 이런 것도 선생님이 말씀하시는 크게 착각하신 결과입니까?

갈 수 없는 길을 가 보는 것과
가도 되는 길을 가는 것은
결과적으로 마찬가지다.

센타로 롱셀러가 된 장난감 중에 '검은 수염 위기일발'이라는 것이 있잖아요. 검은 수염을 가진 해적이 들어간 원형 나무통 주위를 나이프로 여러 번 찔러서 나오게 하는 게임이죠.

그렇게 해서 해적이 뛰쳐나오면 이겼다고 생각하잖아요. 그러기 위해서는 계속 나이프로 찌르면 되는데, 무서워서 천천히 찌르면 재미가 없지요. 힘을 주어서 팍팍 찌르면 혼자서도 여러 개의 나무통 게임을 동시에 즐길 수 있지요.

아키라 역시, 알기 쉽게 설명해 주시는군요.

그 게임의 경우에는 시도하는 횟수를 늘린다고 성공률이 변하지는 않지만, 인생은 다르잖아요. 시도하는 횟수를 늘릴수록 성공률도 높아지니까요.

센타로 맞아요.

그렇게 생각하면 인생이 즐겁겠지요?

아키라 🖐 예, 그렇겠는데요! 도전하지 않으면 아깝다는 생각이 점점 들기 시작했어요.

센타로 💬 그렇죠?
그러니까 벽에 부닥쳤다거나 좌절했다는 것과 같은 말은 할 필요가 없는 거예요.

아키라 🖐 예, 맞습니다.
선생님이 말씀하신 의미를 어렴풋이 알 것 같아요.

머리에 떠오르는 가설을 검증하고 고치고….
이렇게 반복하면 성과가 결실을 맺는다.

아키라 🖐 그런데 도전할 때 다른 사람이 내는 속도는 신경 쓰지 않아도 될까요?

센타로 👤 나는 다른 사람과는 아예 경쟁하지 않아요.

아키라 🖐 그건 아무래도 이상한데요. 다른 사람을 진짜 신경 쓰지 않는다는 말씀이세요?

센타로 👤 경쟁에서 다른 사람을 신경 쓰지 않는다는 말이 아니라 무관심이라고 하는 편이 맞겠지요. 다른 사람이 내 시야에 들어오지 않는다는 말이 더 어울리겠네요. (웃음)

아키라 🖐 우와~, 정말 흥미로운 말씀이네요….
어떻게 하면 그렇게 남에 대해 무관심하게 지낼 수 있어요?
진짜 부럽습니다.

센타로 🙂 나는 언제나 나 자신과 경쟁하니까요.

아키라 👏 네? 자기 자신과 경쟁이라면, 그건 도대체 어떤 경쟁입니까?

센타로 🙂 예를 들어, '어제의 자신보다 오늘의 자신은 과연 성장했는가?' 이렇게 자문해 볼 수 있겠지요? '지금의 나 자신과 미래의 자신을 비교하면 어떨까?' 이런 물음도 가능하겠지요. 비교 대상의 모든 것이 자기 자신인 거예요.

아키라 👏 정말 대단한 생각이군요!
자신의 라이벌은 '어제의 자기 자신' '미래의 자기 자신'이라는 말씀이네요.
너무 멋있어요!

어제의 자신보다
오늘의 자신은 성장했는가?
미래의 자기 자신과 지금의 자신을 비교하면 어떤가?

센타로 🧑 그렇게 어렵게 생각할 건 없어요. 자신이 강하다고 믿으면 강해진다는 이야기이지요. 어깨의 힘이야 필요할 땐 언제든 빼면 되니까요.

아키라 ✋ 제가 지금까지 해 온 비즈니스 부문 서적의 작가들 중에 장기적으로 성공하신 분들은 모두 선생님처럼 라이벌은 자기 자신이라는 생각을 갖고 계셨습니다.
지금까지 미처 깨닫지 못하고 있었는데 이제 안개가 걷히는 느낌을 받았어요!

센타로 🧑 방금 아키라씨의 이야기를 듣고 나도 생각 난 것인데요. 내 주위에 있는 많은 사람들이 나와 같은 가치관을 가지고 살고 있어요. 그러니 내가 그렇게 특별한 것도 아니지요.

아키라 ✋ 역시 유유상종이군요. 확실히 라이벌은 자기 자신이라고 생각하면, 경쟁의 의미가 변하면서 인생의 가치관도 완전히 새롭게 변하겠군요.

저는 저 이외의 다른 사람, 세상이 나를 보는 눈을 너무 의식하며 살았던 것 같아요. 이런 이야기를 하니까 저라는 사람이 너무 왜소하다는 기분이 듭니다….

셴타로 ✋ 세상의 눈을 의식해 사는 것이 아니라 자기 자신을 위해서 살아가는 것이 맞겠죠?

아키라 ✋ 세상의 눈보다 자기 자신을 위해 사는 게 당연하죠. 그래도 역시 신경이 쓰이게 되어 있어요. 저같이 힘없는 사람은 다른 사람의 눈이나 세상의 시선이라는 것을 의식할 수밖에 없습니다.

> 라이벌은 자기 자신이라고 생각하면
> 인생의 가치관도 완전히 새롭게 변한다.

센타로 👤 잘 생각해 봐요. 세상이 나를 보는 눈이라고 해야 고작 자기 주변의 열 명이나 몇 십 명 정도밖에 되지 않지요?

아키라 ✋ …그건 분명히 그렇긴 하지만.

센타로 👤 그 열 명이나 수십 명의 세계가 세상의 모두라고 생각하면 안 돼요.

아키라 ✋ 그 말을 들으니 분명 그런 것도 같습니다. 조금 힘이 나기 시작했어요.
제가 편집에서 영업으로 옮기고 충격을 받은 것도, 세상의 몇 안 되는 눈을 의식하고 충격을 받은 것에 불과한지도 모르겠네요.

센타로 👤 혹시 편집이라는 일이 좋은 것이 아니라, 세상의 눈이 편집이라는 일을 하는 자기 자신을 봐 주는 게 좋았던 것뿐일지도 몰라요.

아키라 🐾 음….

역시 선생님은 남의 아픈 곳을 잘 찌르십니다. 그것도 정중앙으로요.

센타로 🐢 만약 아키라씨가 진심으로 편집이라는 일로 인생의 한 획을 긋고 싶다면, 영업으로 뛰어난 성과를 발휘해야 한다고 생각해요.

아까 나한테 일에 대해 말한 내용을 보면 서점 영업으로 옮긴다는 것은 팔리는 책을 만드는 데 필요한 소중한 기회가 아닐까요.

현장의 최전선에서 생활의 정보나 지혜를 흡수하게 되면 사무실에 틀어박혀 있는 편집자보다 팔릴 수 있는 책을 알아보는 눈이 더 생기지 않을까요? 그렇다면 오히려 내가 해 보고 싶은 일이네요. (웃음)

> 자기 주변의 고작
> 수십 명의 눈이 세상의 모두라고
> 생각하면 안 된다.

아키라 🖐 하~. 선생님 말씀에 전적으로 동감합니다. 100퍼센트 제가 바보였어요. 부끄럽네요.

셴타로 👤 그러니 의기소침해 있기보다 자기 자신에게 큰 성장의 기회를 준 회사에게 감사해야 하는 게 아닐까요.

아키라 🖐 맞아요. 듣고 보니 제 인생에서 서점 영업이라는 경험이 꼭 필요하다는 느낌이 듭니다.

다른 사람의 눈을 필요 이상으로 의식하고, 세상이 나를 보는 눈 때문에 산다는 것은 의미가 없다고 생각합니다.

라이벌은 자기 자신뿐이라 생각하면, 확실히 세상의 눈이라는 '근거'를 신경 쓰지 않아도 될 것 같네요. '근거'를 추구하는 제 자신이 얼마나 위태로운 상태에 놓여 있었는지 새삼 실감이 납니다.

라이벌은 자기 자신뿐이라고 생각하면
세상의 눈이라는
'근거'에 대해 신경 쓰지 않아도 된다

센타로 🧑 그걸 알게 되었다면 지금부터 크게 전진할 수 있겠네요.

아키라 ✋ 선생님, 정말 감사합니다! 이제 조금씩 힘이 납니다. 내친 김에 '근거 없는 자신감'에 대한 이야기로 돌아가서 좀 더 깊이 알고 싶은 호기심이 생겼습니다.

센타로 🧑 좋습니다. 어떤 식으로 깊이 알고 싶다는 말인가요?

아키라 ✋ 네. 성공한 많은 사람들이 자기 자신만 라이벌로 신경 쓴다고 하셨지 않습니까? 그런 진정한 자신감, 다시 말해 근거 없는 자신감은 도대체 어디서 오는 것일까요?
그 시작이 어딘지 알면 저도 근거 없는 자신감을 얻을 수 있을 것이라고 생각합니다.

센타로 🧑 오케이!
그러면 지금부터 근거 없는 자신감의 근원이 무엇인지 함께 생각해 봅시다.

아키라 ✋ 떨리는데요!

Chapter 3

조건 없는 사랑 찾기

> ### '근거 없는 자신감'의 원천은 대가 없는 사랑

센타로 🌚 근거 없는 자신감의 원천은 사랑이에요.

아키라 ✋ 오오! 곧바로 결론부터 말씀하시다니.
선생님은 언제나 명쾌하십니다!

센타로 🌚 대가 없는 애정을 온몸의 세포로 얼마나 받느냐가 중요해요.

아키라 🖐 대가 없는 사랑을… 요?

센타로 🌚 하기야 대가 없는 사랑이라는 말도 어색한 말이네요. 진정한 사랑은 모두 대가가 없지요.

아키라 🖐 너무 심오한 말씀이에요….
좀 더 자세히 설명해 주세요.

센타로 🧑 예를 들어, '…여서 좋아'라는 말은 진짜 사랑이 아니에요.

'엘리트여서 좋다' '잘 생겨서 좋다' '부자여서 좋다'는 말은 거짓 애정이라는 거죠.

아키라 🖐 … 너무 뜻 깊은 말씀이어서 뭐라고 대꾸해야 할지 모르겠습니다.

분명 그런 것은 표면에 있는 로고 마크에 반한 것일 뿐이고, 그 로고 마크가 없어지면 두 번 다시 쳐다보지 않고 버릴 테니까요.

너무도 자명한 본질을 꿰뚫어 보시니 무섭습니다.

센타로 🧑 흉악범의 내면을 살펴보면 진정한 사랑을 받지 못한 경우가 많아요. 가짜 애정이 근원이라는 거지요. 미성년 범죄도 마찬가지입니다.

만약에 자기 아이에게 '만점 받으면 사랑해 주겠지만, 30점 받으면 우리 아이가 아니야'라고 겁을 주는 부모가 있다고 합시다. 그런 말을 듣는 아이가 제대로 자랄 수 있겠어요?

아키라 ✋ 오! 그건 상상만 해도 무서운 일입니다.
그런데 모두들 평소에 무의식적으로 그런 말을 내뱉게 되잖아요.

센타로 ✋ 어른의 눈으로 보면 별 거 아니라고 생각하겠지만, 아이에게는 부모나 가정이 세상의 전부예요.
그래서 그런 말을 들으면 마음의 상처도 깊은 거예요.

아키라 ✋ 저의 초등학교 시절을 떠올려 보면, 선생님 말씀이 맞아요. 부모님이나 가정의 존재가 절대적이었으니까요.
실제로는 100퍼센트 거기에 의존하고 있지요.

**근거 없는 자신감의 원천은
무조건적인 애정이다.**

센타로 🙂 그리고 성장해서 중학생이나 고등학생이 되면, 거짓 애정을 받으면서 자란 아이들은 마음의 상처가 깊어 부모가 원망의 대상으로 보이게 됩니다.

최악의 경우에는 살인까지 하게 되요. 증오와 애정은 종이 한 장 차이이니까요.

아키라 👋 가슴 깊이 이해가 갑니다. 대가 없는 사랑이야말로 진정한 사랑이라는 말씀이네요.

센타로 🙂 '…여서 좋다' 라는 말은 단순히 거짓 애정을 주는 것에 그치지 않고, 주위에 불행의 씨앗을 뿌리는 일이 된다는 것을 알아야 해요.

정도의 차이는 있지만 세상의 모든 문제는 거짓 애정이 일으키고 있어요. 그것 자체로 매우 불행한 일이기도 하고, 결과적으로 범죄로 이어지기도 한다는 말입니다.

아키라 👋 세상을 지배하는 것은 진정한 사랑이라는 말씀이군요!

센타로 😊 오! 이제 제대로 알아들었군요.

우주의 구조도, 지구의 구조도, 모든 것이 사랑이라고 생각하면 빨리 이해될 겁니다. 블랙홀과 화이트홀 이론도 그렇고, 어머니인 드넓은 대지에 비를 뿌리는 자연계의 구조도 모두 그 근원에는 사랑이 있다고 생각해요.

센타로 😊 우리 인간을 포함한 모든 생명체가 지닌 음양의 구조는 우주의 구조와 비슷하다고 봐요. 우리 인간도 우주의 일부라는 걸 이해하겠어요?

세상의 모든 문제는
거짓 사랑 때문에 생긴다.

아키라 👏 흡수하고 감싸는 블랙홀을 여성이라고 생각하면, 방출하는 화이트홀은 남성이겠죠?

드넓은 대지가 여성이라면, 하늘에서 밑으로 내려오는 비는 남성이라는 뜻이겠네요.

세상의 구조가 그렇게 단순하다는 말씀에 공감이 갑니다. 단순하니까 더 심오한 것 같아요.

셉타로 👤 역시! 이해력이 뛰어나군요.

진실은 항상 단순하고, 그 단순함을 느끼면 느낄수록 끝없이 깊은 세계가 다가온다는 의미입니다.

'…여서 좋다' 가 거짓 애정이라면, 진정한 애정은 '…여도 좋다' 라고 하면 이해가 쉽겠지요?

인생은
대가 없는 사랑을
찾는 모험

아키라 🖐 '… 여도 좋다.' 정말 마음에 와 닿는 말입니다.

사람을 사랑한다는 것도 '…여도 좋다' 라는 식으로 생각하면 될 것 같아요.

대가 없는 사랑이란 '…여도 좋다' 는 것이네요.

셴타로 🖐 '…여도 좋다' 는 대가 없는 사랑을 말합니다. 그런 사랑을 주는 사람이야말로 어떤 일이 있어도 흔들리지 않는 '근거 없는 자신감' 을 가지는 것이 가능합니다.

이것이 내 결론이에요.

행복해지기 위해서는
진정한 사랑이 필요하다.

아키라 👏 감사합니다. 이제는 너무 당연한 말씀이라 감탄사도 나오지 않습니다.

오늘부터 저도 자기 자신에게 솔직해져서 '…여도 좋다'를 의식하면서 살아 보겠습니다.

셴타로 🙏 이것은 남녀관계에도 마찬가지로 해당됩니다.

결혼할까 말까를 고민하는 남녀가 있다면, 이것을 기준으로 생각하면 결정을 내리기 쉽다고 생각해요.

아키라 👏 진짜 그렇겠군요!

'…여서 좋다'는 상대와는 결혼을 하지 않는 편이 좋고, '…여도 좋다'고 생각되는 상대라면 결혼을 신중하게 생각해 보면 되겠군요.

셴타로 🙏 결혼에만 한정하지 말고, 그 외의 인간관계나 일에서도 생각해 보면 좋을 것 같습 니다.

아키라 👏 말씀하신 대로 해 보겠습니다.

조건에 맞지 않아 싫다는 것은 진심으로 좋아하지 않는다는 것이죠. 사실은 모든 세상사에 이 말이 해당되겠군요.

센타로 🙂 '…여서 좋다'는 것에서 눈을 돌려서 '…여도 좋다'는 일을 찾아서 하는 것이 최고의 인생이라고 나는 생각해요.

아키라 ✋ 선생님이 하시는 일이 바로 그런 일 아닙니까? 정말 부러워요. 이제 이해가 됩니다.
'…여도 좋다'는 자세로 인생을 채우려고 하는 사람은 흔들림 없이 '근거 없는 자신'을 가질 수 있다는 생각이 들어요.

센타로 🙂 어떤 일을 하든, 나는 절대적인 사랑을 받고 있다고 한 치의 의심도 없이 확신하는 사람은 아무 것도 두려울 것이 없습니다.

아키라 ✋ 어떤 일을 하든지요?

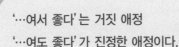

'…여서 좋다'는 거짓 애정
'…여도 좋다'가 진정한 애정이다.

센타로 🧑 앞부분에서 이야기한 어린 아이를 예로 들어 볼게요. 시험에서 30점을 맞았다고 해도 상관없이 세상에서 제일 사랑받고 있다는 것을 알도록 해 주는 것이 중요하다는 뜻입니다.

어른의 경우에는 설령 자신이 범죄자라 할지라도 누군가로부터 사랑받고 있다는 확신이 있다면, 최고의 '근거 없는 자신'을 가질 수 있다는 의미입니다. 물론 그 정도로 사랑받는 사람이 범죄자가 될 리는 없지만요.

아키라 🖐 그렇게 말씀하시니 쉽게 이해가 되는군요.

센타로 🧑 미성년자에게 대가 없는 사랑을 주는 사람은 부모인 경우가 많지요.

'…여서 좋다'가 아니라
'…여도 좋다'는 일을
실천하며 사는 것이 최고의 인생이다.

센타로 🙂 우리는 성인이기 때문에 대가 없는 애정을 주는 상대를 찾는 모험을 하고 있다고 생각하면 됩니다.

아키라 ✋ 인생은 대가 없는 사랑을 찾는 모험이네요.

센타로 🙂 그렇습니다. 인생은 모험이에요.

아키라 ✋ 제 스스로 '…여도 좋다'고 느끼는 대상이 무엇인지 깨달아 가는 자세가 중요하다는 말씀이시군요.

센타로 🙂 예, 그래요.
내가 상대를 좋아할 조건을 찾는 것이 아니고, 상대가 나쁜 조건을 많이 가지고 있어도 싫지 않은 느낌을 말하는 것이지요.

아키라 ✋ 우와~, 그런 감정은 저도 알 것 같아요.
여성들이 자주 쓰는 '좋기는 한데 싫어'라는 말, 의미를 쉽게 알 수 없는 그런 말입니까?

센타로 🖐 맞아요.

싫은데 좋아하려고 노력하는 것, 그런 것은 사랑이 아니에요.

아무리 싫어하려고 해도 포기할 수 없는 것이 바로 사랑이지요.

아키라 ✋ 왠지 옛날 생각이 나서 마음이 저려옵니다. (웃음)

조금 더 일찍 이런 이야기를 들었더라면….

어떤 일을 하든 자신이
절대적인 사랑을 받고 있다고 한 치의 의심도 없이
확신하는 사람은 아무 것도 두려울 것이 없다.

'마음을 전하는 것'과
'마음이 전해지는 것'

센타로 🙂 이 부분에서 좀 더 분명히 해 두고 싶은 것은 상대를 사랑하는 것과, 사랑한다는 사실을 상대방이 아는 것은 전혀 다르다는 것입니다. 이걸 분명히 알아야 해요.

아키라 😶 역시!

제가 결정적으로 부족한 점이 바로 그 점입니다. 방금 알려주신 말씀은 제 인생을 완전히 바꿔놓을 충격적인 조언입니다.

센타로 🙂 이런 점은 연애에서만 적용되는 것이 아니고, 아키라씨가 미래에 아이를 기를 때도 기억해 두면 좋겠어요.

'내가 이렇게 아이를 사랑하는데!' '아이를 위해서 매일 야근을 하는데!' 라고 아무리 소리쳐도, 그 마음이 아이에게 전해지지 않으면 아무 소용이 없다는 말이죠. 그것은 아이에게 아무 사랑도 주지 않는 것과 결과적으로 마찬가지에요.

아키라 👏 자기만족이 아니라, 상대방에게 마음을 전하는 것이 중요하다는 뜻이군요.

센타로 👶 미안하지만 그런 말도 아니에요.

아키라 👏 네? 사랑을 전하는 것이 중요하지 않다는 말씀이세요?

센타로 👶 '전하는 것'이 아니라 '전해지는 것'이 중요해요. 나는 마음을 잘 전달했다고 생각해도, 상대에게 실제로 전해지지 않았다면 아무 의미가 없지요.
그러니 '전하다'와 '전해지다'는 비슷한 말이 아니라, 서로 접점을 찾기 힘들 정도로 다른 말이에요.

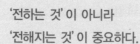

'전하는 것'이 아니라
'전해지는 것'이 중요하다.

아키라 👏 감사합니다. '전하는 것'이 아니라 '전해지는 것'이 중요하다는 말. 평생 이 말을 잊지 않을 거예요.

센타로 🐰 대가 없는 사랑을 남한테서 받는 것도 중요하지만, 어른이라면 자기가 가진 애정이 상대에게 전해지도록 해야겠지요.

아키라 👏 맞습니다….

센타로 🐰 이 이야기는 이 정도로 하고. 다른 질문은 없어요?

아키라 👏 죄송합니다. 제가 개인적인 생각에 너무 빠졌어요. (땀) 그렇다면…만약 대가 없는 사랑을 받지 못한 사람은 어떻게 하면 좋을까요?

사정이 있어서 어쩔 수 없이 진정한 애정을 받지 못한 사람, 또는 진심 어린 사랑을 받았다고 해도 그것을 제대로 느끼지 못하는 사람이 많을 텐데요.

저 자신도 솔직히 후자에 속하는 사람이고, 제가 받은 사랑을 제대로 느끼지 못하는 편입니다. 그래서 '근거 없는 자신감'을 갖기가 어려운 것 아닐까요….

센타로 👤 좋습니다! 그러면 이제 대가 없는 애정을 받지 못한 사람, 또는 아키라씨와 같이 사랑을 받았다는 느낌을 갖지 못하는 사람들을 대상으로 함께 생각해 보는 시간을 갖도록 하죠.

아키라 👋 자꾸 귀찮게 질문해서 미안합니다. (땀)
좋은 설명 부탁드립니다.

센타로 👤 나도 다른 사람에게 절대로 양보할 수 없는 가치관을 갖고 있어요.

아키라 👋 어떤 가치관인데요?

어른이라면 대가 없는 사랑을 받는 것과 함께
자신도 상대에게 애정을 전할 수 있어야 한다.

센타로 🖐 어떤 환경에서 자랐건, 어떤 역경을 겪었건, 스무 살이 넘으면 모든 일을 전적으로 자기 책임하에 처리하라는 것이 바로 나의 가치관입니다. 그게 바로 어른이 된다는 뜻입니다. 몸만 커지고, 스무 살이 되고 성인식을 치른다고 어른이 되는 것은 아니죠. 스무 살이 지나도 자기 자신이 한 일에 대한 뒷처리를 할 수 있어야 진정한 어른이겠지요.

아키라 🖐 뭔가 문제가 생겼을 때 다른 사람의 책임으로 돌리지 않고 먼저 자신의 가슴에 손을 얹어 보라는 말이군요. 모든 원인을 밖에서 찾으려고 하면 행복해질 수 없는 게 맞겠어요. 가슴 아픈 말이지만 공감이 갑니다.

센타로 🖐 자기 인생의 모든 일은 자기가 스스로 책임진다는 결단을 하지 않은 사람은 어떤 이야기를 들어도 이해 못해요. 아키라씨가 꼭 '근거 없는 자신감'을 얻도록 바라는 마음에서 하는 말입니다.

아키라 🖐 선생님의 말씀을 받아들이기 위해서는 우선 제가 수용할 수 있는 그릇을 마련해야 할 것 같아요. 이제 준비가 된 것 같습니다. 정말입니다!

Chapter 4

좋아하는 일을 하기

아키라 🖐 그러면, 대가 없는 사랑을 느껴 보지 못한 사람, 대가 없는 사랑을 받은 기억이 없는 사람은 어떻게 해야 하나요? 그런 사람이 어떻게 하면 근거 없는 자신감을 가질 수 있을까요?

셴타로 👤 그러기 위해서는 먼저 자기 자신을 사랑하도록 해야 합니다.

아키라 🖐 자기 자신을 사랑하는 일이요?

셴타로 👤 그렇습니다. 자기 자신에게 사랑을 주는 것입니다.

아키라 🖐 우와~, 재미있는 말인데요. 조금 더 들어 봐야 무슨 의미인지 분명히 알 것 같습니다.

센타로 👋 자기 자신을 좋아하게 되지 않으면, 다른 사람을 좋아할 수 없지요.

아키라씨 주위의 성공한 사람들을 생각해 보세요. 성공한 사람들 모두 자기 자신을 아주 좋아한다는 느낌을 받았을 거예요.

아키라 👤 맞아요. 그건 확실합니다.

그렇지만, 그건 성공했으니까, 자신이 좋은 것 아닐까요?

센타로 👋 좋은 지적이네요.

분명 성공했으니까 자신이 좋아지는 사람도 있어요. 하지만 그것은 근거 있는 자신과 같은 경우겠지요?

아키라 👤 아, 그러네요!

그렇다면 저는 아직 선생님의 뜻을 제대로 이해하지 못하고 있군요.

성공했으니까 자기 자신이 좋아지는 사람은 진정으로 자신을 좋아하는 것은 아니니까요.

센타로 🧑 이제 제대로 알고 있군요.

성공했을 때의 자신은 좋아하지만, 성공하지 못했을 때의 자신은 좋아하지 않는다는 말이 되지요.

아키라 ✋ 여기서도 '…여서 좋다'는 거짓이고, '…여도 좋다'가 진짜라는 뜻이지요?

센타로 🧑 이제 아키라씨도 많이 성숙해진 느낌이 듭니다.

자기 자신을 좋아하지 않으면
다른 사람을 좋아할 수 없다.

어른이라면 대가 없는 사랑을 받는 것과 함께
자신도 상대에게 애정을 전할 수 있어야 한다.

아키라 👏 감사합니다!

선생님이 같은 이야기를 몇 번이나 다른 방식으로 가르쳐 주셔서 그 덕분에 제대로 이해할 수 있게 된 거지요.

셴타로 👤 성공한 자신과 성공하지 못한 자신을 모두 받아들이지 않으면 자신을 진정으로 사랑하는 것이 아닙니다.

아키라 👏 자기 자신을 사랑하는 게 중요하다는 점을 깨달았습니다.

그런데 자신을 사랑하려면 어떻게 해야 합니까? 그게 중요하다는 것은 알겠는데 어떻게 해야 하는지 실천 방법을 모르겠어요.

셴타로 👤 자기가 좋아하는 일을 하는 것입니다.

아키라 👏 자기가 좋아하는 일이요?

셴타로 👤 그래요. 자기가 좋아하는 일.

아키라 🖐 자기가 좋아하는 일이라면…. 어린 아이라면 몰라도 어른이 좋아하는 일을 한다는 것이 좀 그런데요. 그럴 시간이 어디 있어요?

센타로 🖐 글쎄요.
많은 사람들은 싫어하는 일을 참고 하는 대가로 얼마 되지 않는 돈을 받아서 살아가지요. 그래서 하는 일이 시간에 따라 환산되고 그걸 급여로 받게 되지요.

아키라 🖐 그렇습니다. 들고 보니 그러네요.

많은 사람들이 싫어하는 일을
억지로 하는 대가로 얼마 되지 않는
돈을 받아서 살아간다.

센타로 🖐 아까 아키라씨는 어린 아이라야 좋아하는 일을 하는 게 가능하다는 말을 했는데, 정말 그럴까요?

아키라 🖐 아니요. 확실히 제가 잘못 생각했습니다.
성공한 사람들 중에는 어린 아이처럼 좋아하는 일에 몰두하는 경우가 엄청나게 많죠. 편집자로 일하면서 성공한 사람을 많이 만나 보았는데, 그런 경우를 보고 정말 신기하다고 생각했어요.

센타로 🖐 자기가 좋아하는 일만 하면서도 어떻게 성공할 수 있었을까 하는 뜻인가요?

아키라 🖐 그렇습니다.
왠지 다른 세계, 다른 별에서 온 사람을 만난 기분이 들었어요. 질투할 엄두조차 나지 않았어요.

센타로 🖐 지금도 그런가요?

아키라 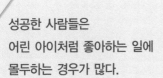 지금은 정말 흥미롭게 생각합니다. 그 사람들이 좋아하는 일만 하면서 어떻게 성공하게 되었는지.

그렇지만, 따지고 보면 나도 그분들 못지않게 녹초가 될 때까지 비장한 각오로 일을 하고 있어요. 인간관계도 열심히 하고 있고….

센타로 좋습니다.

무엇이든지 진심으로 흥미를 가지고 임하는 것은 좋은 시작입니다.

성공한 사람들은
어린 아이처럼 좋아하는 일에
몰두하는 경우가 많다.

아키라 👏 좋아하는 일을 하는 사람들의 표정은 모두 생기가 있고 행복해 보이는데.

성공했기 때문에 그런 건 아니라는 말이지요?

셈타로 😊 맞아요. 정말로 생기가 있고 행복해 보이는 사람은, 성공해서가 아니라 성공 여부와 관계없이 그렇습니다.

아키라 👏 우와~ 그 말씀은, 선생님 본인 이야기가 아닙니까! 제가 선생님을 처음 만났을 때의 느낌도 바로 그랬거든요.

이런 말은 실례가 될 줄 알지만, 처음부터 저는 '이 사람은 대단한 실적이 있는 것도 아닌데, 어떻게 해서 실적이 많은 사람들과 똑같은 분위기를 가지고 있을까?' 하고 신기하게 생각했습니다.

이제 생각하니 선생님에게는 실적이 문제가 아니라, 좋아하는 일을 하고 있다는 감사의 마음이 넘쳐나고 있었던 거군요.

센타로 🧑 좋아하는 일을 하면 감사하는 마음이 생기는 게 사실입니다. '매일 이렇게 좋아하는 일만 할 수 있어서 정말 감사하다.' 이런 생각이 드는 거지요.

아키라 🖐 그러니까, 좋아하는 일을 하면서 감사하는 마음을 갖고 있다면, 억지로 참고 싫은 일을 하는 사람보다 성공하기가 훨씬 더 쉽다는 말씀이지요.

그렇긴 하지만, 좋아하는 일을 하라는 걸 알아들었다 해도…. 이제 와서 도대체 무슨 일을 한단 말인가요?

나는 지금까지 샐러리맨을 하면서, 한 번도 그런 생각을 해보지 않았습니다.

> 좋아하는 일을 하면서 감사하면,
> 싫은 일을 참고 억지로 하는 사람보다
> 성공하기가 훨씬 더 쉽다.

하고 싶어서 안달이 나는 일은 어떤 일인가?

센타로 좋아하는 일은 이제 와서 갑자기 새로 찾는 것이 아니에요.

아키라 네? 그렇습니까? 몇 번이나 생각해 봤지만 어떤 일인지 잘 떠오르지 않는데요.

센타로 좋아하는 일은 저절로 생각이 나요.

아키라 저절로 생각이 난다고요? … 도대체 뭐가 생각이 난다는 말씀인지?

센타로 어린 시절부터 20세까지 살아오면서 '누가 뭐래도 결국 하고야 만 일'이 있다면 그게 바로 자기가 좋아하는 일이에요.

아키라 🖐 결국 하고야 만 일이요?

센타로 👤 그래요.

내일이 시험 날인데도, 하지 않고는 못 배긴 일이 없었나요?

아키라 🖐 아! 겨우 하나! 생각이 났어요.

고달플 때 현실도피를 위해 했던 일. 부모님이나 학교 선생님으로부터 '그만 해라'고 몇 번이나 꾸중을 들으면서도 악착같이 했던 일 말이지요?

> 좋아하는 일이란 지금부터 새로 찾는 게 아니라,
> 저절로 생각난다.

센타로 🧑 그래요. 바로 그런 일이요.

아키라 ✋ 이해가 갑니다.

선생님은 일관된 말씀을 하시는군요.

결국 좋아하는 일이란 세상이 나를 보는 눈이 아니라는 말씀이시지요. 오히려 세상이 나를 보는 눈과 대립될 것 같은 것이 좋아하는 일이라는 의미로 이해가 되는데요.

센타로 🧑 그렇게 극단적으로 생각해도 무방합니다.

주위로부터 욕을 먹어도 하고 싶어서 어쩔 수 없는 일이 진짜 좋아하는 일이니까요.

아키라 ✋ 그렇게 생각하니, 저는 지금까지 정말 세상이 나를 보는 눈을 위해 살아 왔다는 생각이 듭니다. 정말 깜짝 놀랄 정도로 그렇게 살아 왔어요.

주위로부터 칭찬 받는 일이 제가 좋아하는 일이라고 생각했어요. 매일 심신이 지칠 때까지 그런 일에 매달려 산거죠.

센타로 🙂 그렇게 자책할 필요는 없어요. 지금이라도 알게 되었으면 다행이니까요.

인생에서 가장 젊은 때는 바로 지금 이 순간이에요. 지금 알게 되어서 정말 다행이라고 생각하면 되요.

아키라 🖐 감사합니다!

정말 너무 행복하다는 생각이 듭니다.

센타로 🙂 그러면, 또 생각나는 일은 없어요?

아키라 🖐 네, 결국 하고야 만 일이라면 또 생각이 났어요.

센타로 🙂 좋아요.

어른이라면 대가 없는 사랑을 받는 것과 함께
자신도 상대에게 애정을 전할 수 있어야 한다.

아키라 👋 저에게 있어서 결국 하고야 만 일은 초상화를 그리는 것이었습니다.

센타로 🗿 정말 멋있는 말인데요.

아키라 👋 그런 진지한 얼굴로 저를 칭찬해 주신 것은 선생님이 처음이에요. 왠지 근거 없는 자신감이 용솟음칩니다. (웃음)

센타로 🗿 초상화를 그리는 일은 어느 정도로 좋아했나요?

아키라 👋 네, 초등학교나 중학교 때 시험 답안지에 답을 다 쓰고 나면 얼른 뒤집어서 선생님의 초상화를 그렸어요.
고등학교는 사립학교에서 문과를 다녔는데, 이과와 수학 과목의 답안지는 거의 백지 상태였거든요. 시험시간의 거의 절반은 초상화 그리는 것으로 보냈고, 선생님께서 초상화 금지령까지 내리셨어요. (웃음)
초상화를 그리다 보면 언제 가는지도 모르게 시간이 빨리 갔어요.

센타로 🙂 그건 정말 대단한 이야기예요. 그런 게 바로 진짜 좋아하는 일이예요.

아키라 ✋ 그렇게 진지한 표정으로 칭찬해 주시다니….

센타로 🙂 초상화를 그리고 있는 자신의 모습을 생각해 봐요. 시간이 어떻게 가는지도 모르고 그 일에만 몰두하고 있었지 않나요?

인생에서 가장 젊은 시절은 바로 지금 이 순간.

아키라 🖐 그때는 정말 어린 아이같이 그 일에만 집중했지요. 실제로 어린 아이이긴 했지만요. (웃음)

셴타로 👤 그때의 자신이 정말 좋았지요?

아키라 🖐 그런 게 바로 '자기가 좋다'는 의미입니까? 그때처럼 내가 좋아하는 일을 할 때는 나 자신이 너무 좋아서, 그 일만 하면 정말 인생을 최고로 즐긴다는 생각이 듭니다. 그런 일을 하기 위해 나는 태어났다고 하면 너무 거창한 말이 되지만요.

셴타로 👤 전혀 거창한 말이 아닙니다. 정말로 인간은 자기가 좋아하는 일을 하기 위해서 태어났으니까요.

아키라 🖐 네, 내 경우에도 그런 말이 해당되는지는 잘 모르겠지만요.

셴타로 🧑 아키라씨, 잘 생각해 봐요.

초상화를 그리거나, 그림을 그리며 인생을 행복하게 사는 사람은 많아요.

아키라 ✋ 그건 그렇지만, 그것으로 생활을 할 수 있는 사람은 재능이 뛰어난 몇 사람뿐이잖아요.

셴타로 🧑 물론 생활은 중요합니다. 내가 말하고 싶은 것은 초상화로 생계가 가능할지 여부가 아니라, 초상화 그리는 일을 하면서 인생을 행복하게 사는 사람들이 있다는 말이에요.

생계 유지 때문에 좋아하는 일을 완전히 포기하는 것은 재능을 썩히는 것입니다.

인간은 자기가 좋아하는 일을 하기 위해서 태어났다.

아키라 🖐 아….

그래도 제 경우 재능이라고 말할 정도는 아니잖아요?

센타로 👤 재능입니다.

아키라 🖐 그렇게 정색을 하고 칭찬하시면 내가 선생님 말씀을 정말 믿는 수가 있어요.

센타로 👤 믿으면 되요. 자기를 어떤 일에 몰두하게 해 주고, 시간 가는 걸 잊게 해 주는 것이 바로 재능입니다.

아키라 🖐 그래도 내가 초상화 그리는 것을 재능이라고 하기에는 좀 그래요. 그것이 내가 하는 일에 무슨 도움이 될까요?

센타로 🙂 그러면 예를 하나 들어볼까요?

아키라 ✋ 네, 부탁드립니다.

센타로 🙂 이제부터 서점 영업을 한다고 했지요?

아키라 ✋ 네.

센타로 🙂 그렇다면 서점을 방문할 때, 팝 광고에 저자의 초상화를 그려 넣는 거예요. 가능하다면 서점의 양해를 구해 즉석에서 그림을 완성하는 거죠.

자신을 몰두하게 해 주고,
시간 가는 걸 잊게 하는 것이
바로 그 사람의 재능이다.

아키라 🖐 세상에! 그런 생각은 지금까지 감히 엄두도 못 내 봤어요.

셴타로 😊 아키라씨의 실력이 좋다면 서점 점원의 마음을 단 번에 사로잡을 수 있겠지요.

아키라 🖐 그 정도는 자신 있어요. 벌써 가슴이 두근거리는 데요!

셴타로 😊 그리고 서점에는 '점원이 추천하는 책 코너' 같은 것이 있잖아요?

아키라 🖐 있지요. 있어요. 그런 곳에 진열만 되면 판매에 얼 마나 유리한지 몰라요.

센타로 🐾 그 코너에 있는 점원의 초상화를 그려서 주는 거예요.

아키라 👏 우와, 그건 정말 대단한 일입니다.

그런 선물을 준다면 점원은 진짜 좋아할 것 같아요. 인간관계의 거리도 단번에 좁힐 수 있을 거예요.

센타로 🐾 다른 출판사의 영업 담당자들은 서점이 한창 바쁠 때 찾아가면 점원들이 방해되고 귀찮다고 생각할지 모르지만, 아키라씨는 점원들 모두가 언제 오나 하고 기다리게 될지도 몰라요.

> 생계를 유지하느라
> 좋아하는 일을 완전히 포기한다면
> 재능을 썩히는 것이다.

아키라 👋 지금 말씀하신 부분은 선명하게 그림으로 떠오릅니다. 왠지 이번 인사이동이 내게 축복이라는 기분이 들어요. 선생님과 이야기를 나누면 항상 기운이 난다니까요. 신기해요.

센타로 👴 … 흠, 이건 정말 한 가지 예를 든 것에 불과해요. 굳이 화가가 될 필요도 없고, 초상화를 그려 부자가 될 필요도 없어요. 물론 그렇게 사는 방법도 있겠지만, 지금 하는 일에다 자신이 좋아하는 것을 덧붙여 가는 게 가능하다는 점을 알아줬으면 좋겠어요.

아키라 👋 충분히 가능하다고 생각해요.
욕심을 하나 덧붙이자면, 부자도 되고 싶어요. (웃음)

센타로 🙂 좋아하는 일을 하면 푸념도 줄고 이러쿵저러쿵 말도 하지 않고 한 곳에 집중할 수 있으니까 성공하기 쉬운 겁니다.

덧붙이자면, 남들한테 욕을 먹더라도 자신의 정신건강에는 도움이 되지요. 그러니 성공을 위해 필요한 여러 가지 요소가 자연스럽게 얻어지는 것입니다.

좋아하지 않는 일을 하는 사람은 여기저기 떠돌아다니면서 에너지를 여러 곳에 분산하니까 성공할 수 없는 거예요.

아키라 🖐 듣고 보니 그러네요…. 이런 이야기는 선생님을 만나지 않았더라면 평생 누구한테서도 듣지 못했을 거예요. 정말 감사합니다. 고맙다는 말을 아무리 드려도 모자랄 것 같아요.

좋아하지 않는 일을 하는 사람은
여기저기 떠돌아다니면서 에너지를
여러 곳에 분산하니까 성공하기 힘들다.

자기 자신이 좋아지면 사람도 돈도 모인다

센타로 🧑 자기가 좋아하는 일을 하면서 살면, 자기 자신이 정말 좋아지게 된다는 사실을 이해할 수 있겠지요?

아키라 🧒 네, 이제 확실히 알겠습니다.

센타로 🧑 좋아요. 그 말 들으니 기분이 좋군요.
좀 더 말해 볼게요.

아키라 🧒 오! 좋습니다.
선생님이 '좀 더'라고 하시면, 언제나 제 인생을 크게 바꿔 놓을 말씀을 하시니까,
주의 깊게 들어야지요.

센타로 🖐 자기 자신을 사랑하게 되면, 반드시 다른 사람도 사랑하게 되요.

아키라 ✋ 우와~, 어려운 말씀이지만, 이제는 쉽게 이해가 됩니다.

센타로 🖐 자기가 좋아하는 일을 하면, 자기 자신이 너무 좋아지게 되지요.
자기 자신을 좋아하는 사람은, 자신의 넘쳐나는 애정을 다른 사람들에게 나눠 주게 되는 겁니다.

아키라 ✋ 공감이 갑니다! 쉽게 이해가 됩니다.

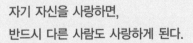

**자기 자신을 사랑하면,
반드시 다른 사람도 사랑하게 된다.**

센타로 🙂 싫어하는 일을 억지로 참고 하는 사람은 자기 자신을 사랑할 수가 없어요.
자신을 사랑하지 않는 사람이 다른 사람을 사랑할 수 있다고 생각해요?

아키라 🖐 불가능하다고 확실히 말할 수 있습니다.

센타로 🙂 그러니 무리해서 다른 사람을 사랑하려고 노력할 게 아니라, 먼저 자기 자신을 사랑하는 것이 중요합니다.

아키라 🖐 말씀하신대로 다른 사람을 사랑하는 데 에너지를 소비하기보다는, 먼저 자기 자신을 좋아하는 데 힘을 쏟는 게 자연스럽고 무리가 없다는 생각이 듭니다.

센타로 🙂 그래요. 좋은 말입니다.
자연스럽게, 무리가 없는 것이 키워드입니다. 진실은 매우 단순하고 알기 쉽고, 자연스럽고 무리가 없다는 것을 잊지 말았으면 좋겠어요.

아키라 😊 절대 잊지 않을 겁니다. 저에게 있어서 이 말씀은 평생 간직할 보석입니다.

센타로 🙂 자기 자신을 사랑하게 되면, 사람도 돈도 저절로 모이게 됩니다.

아키라 😊 네? 그렇습니까?

센타로 🙂 한번 생각해 봐요.
자기 자신을 사랑하고, 다른 사람을 사랑하게 되면, 다른 사람들로부터 사랑받게 되겠지요.

진실은 매우 단순하고
알기 쉽고, 자연스럽고 무리가 없다.

아키라 👋 그건 그렇습니다. 자기 자신을 사랑하는 사람을 미워할 사람은 없으니까요.

아, 그렇군요! 사람이 모이면, 결국 그 결과로 돈도 모인다는 뜻이 되는군요.

센타로 👨 역시 이해가 빨라요. 결과적으로 그런 뜻이에요. 돈이란 반드시 사람에게 따라서 오는 거예요. 사람은 자기가 좋아하는 상대를 기쁘게 하는 쪽으로 생각을 맞춰 나가게 됩니다.

아키라 👋 역시, 잘 알겠습니다.

센타로 👨 다른 사람을 기쁘게 해 주려는 사람에게 돈이 모이는 것은 자연스러운 일이에요.

중요한 것은 순서가 거꾸로 뒤바뀐 게 아니라는 점이에요. 돈을 벌었으니까 상대를 기쁘게 해 주자는 게 절대로 아닙니다. 그런 식으로 하면 반드시 사람이 멀어지게 됩니다.

아키라 ✋ 반론의 여지가 없습니다!

센타로 ✌ 잘 되는 가게와 잘 되지 않는 가게는 결정적인 차이가 있는데, 그것이 바로 찾아오는 사람을 행복하게 해 주는가 그렇지 않은가에 달려 있어요.

아키라 ✋ 우와~ 맞아요. 마음에 딱 와 닿습니다.
제가 점심을 먹으러 가는 가게도, 금방 망할 것 같은 곳과 몇 십 년 동안 잘 되는 곳은, 확실히 손님을 기분 좋게 하려는 태도나 의욕이 다른 것 같아요.

사람은 좋아하는 상대를
기쁘게 해 주는 쪽으로 생각을 맞춰 나가게 된다.

센타로 🗿 잘 되는 가게는 '접대'를 잘 하는 것이고, 잘 안 되는 가게는 '접객'을 하는 것일 뿐이지요.

아키라 ✋ '접대'와 '접객'의 차이는 무엇입니까?

센타로 🗿 '접대'는 자기가 좋아하는 사람을 진심으로 기쁘게 해 주려는 것이고, '접객'은 자기가 좋아하지 않는 상대를 그저 불쾌하지 않을 정도로 적당히 대접하는 것입니다. 전혀 느낌이 다르지요?

아키라 ✋ 그렇군요. 바로 그거에요.
접대를 하는 가게에는 사람과 돈이 모이고, 접객을 하는 가게에는 사람도 돈도 멀어질 수밖에 없겠군요.

센타로 🗿 맞아요.

아키라 ✋ 업종은 다르지만, 저는 지금까지 철저히 접객 인생을 살아 왔습니다.

센타로 🫱 가게가 번성하는가 아닌가와 인생이 충실한지 아닌지는 정말 똑같은 모습을 하고 있군요.

아키라 ✋ 정말 모든 것이 단순하게 연결되어 있다는 느낌이 들어요.

센타로 🫱 생각하는 방법 하나로 인생이 달라지는 거예요.

아키라 ✋ 진짜, 좋은 말씀이군요….

돈을 받았으니까 상대를 기쁘게 해 주겠다는 태도는
반드시 사람을 멀어지게 만든다.

센타로 🧑 자기 자신을 사랑하는 것이 얼마나 중요한 일인지 알겠지요?

나는 학교가 공부하러 가는 곳이 아니라, 지는 경험을 많이 하기 위해 가는 곳이라고 생각합니다. 학교는 '이건 내가 졌다' '이것도 내가 졌다' 라고 배우는 것에서 시작해서 자신이 이기고 진 것이 뚜렷하게 보이는 곳입니다.

그런 과정을 통해 앞으로 자신이 무슨 일로 승부하면 좋을지 알게 된다면, 자신의 가치를 알고, 자기를 사랑하게 되지요. 그것을 알게 되는 시점이 바로 학교를 졸업해도 되는 시점인 것이죠. (웃음)

아키라 👋 네, 나도 이제는 헤매지 않을 거예요.

센타로 🙂 그러면 이제 근거 없는 자신감을 오랫동안 지킬 수 있는 방법이 뭔지 생각해 봅시다.

아키라 ✋ 예! 함께 생각해 봐요.

센타로 🙂 오! 이제는 대답이 달라졌는데요.
생각해 보자는 나의 말에 대해서, 아키라씨가 처음으로 '함께 생각해 보자'라고 대답했어요. '근거 없는 자신감'을 오랫동안 가질 수 있는 방법도 바로 여기에 힌트가 있습니다.

아키라 ✋ 네? 무슨 뜻인지 잘 모르겠어요.

센타로 🙂 아키라씨가 많이 성장했다는 말이에요.

Chapter 5

자신감 함께 나누기

서로 나눔의 정신

아키라 🖐 제가 '함께 생각해 봅시다' 라고 말씀을 드렸는데, 그 말에 진짜 근거 없는 자신감을 오랫동안 지킬 수 있는 힌트가 있다는 게 무슨 말입니까?

센타로 🧑 정말입니다.
힌트만 있는 게 아니라, 그게 바로 답입니다.

아키라 🖐 그 전에 다시 물어보겠습니다. 정말 제가 '함께 생각해 보자' 라고 하긴 했어요?

센타로 🧑 틀림없이 그렇게 말했어요. 녹음해 둘 걸 그랬나? (웃음)

아키라 🖐 무의식이란 정말 무섭군요.

센타로 🧑 무의식이란 게 좋은 거예요. 무의식적으로 입에서 나온다는 건 아키라씨가 그만큼 성장했다는 말이니까.

아키라 ✋ 그런 거예요?

센타로 🧑 내가 주제를 끝낼 때마다 항상 '함께 생각해 보자'라고 한 말의 뜻을 이제 알겠어요?

아키라 ✋ 선생님은 입버릇처럼 '그렇군요'와 '함께 생각해 보자'란 말을 하셨는데….
아, 이제 알겠다!
일방통행이 아니라는 것이 포인트군요.

센타로 🧑 맞아요! 역시 아키라씨는 눈치가 빨라요.
근거 없는 자신감을 오래 유지할 수 있는 방법은 서로 나누는 것입니다.

아키라 🖐 와, 서로 나눈다… 좋습니다.

왠지 가슴이 따뜻해지는 말입니다.

센타로 👤 언제 들어도 좋은 말이지요.

서로 나눈다는 말만 들어도 위로가 되지요?

아키라 🖐 그렇습니다. 그 말이 저를 위로하는 것 같습니다.

저도 그 말이 듣고 싶었어요.

저같이 이렇게 의기소침해 있을 때 들으면 좋은 말이라고

생각합니다.

'근거 없는 자신감'을 오랫동안 유지할 수 있는 방법은
서로 나누는 것이다.

센타로 🙂 말은 신비로운 면을 갖고 있어서, 말에 생명이 불어넣어진 것 같은 느낌이 들지 않나요? '말의 혼' 이라는 단어가 있는데요. 말 속에 혼이 살아 있다는 것이에요.

아키라 ✋ '서로 나눈다' 라는 말에도 위로해 주는 혼이 들어 있는 거군요. 정말 좋은 말이라는 생각이 듭니다.

센타로 🙂 '근거 없는 자신감'을 더욱 흔들림 없게 발전시켜 나가기 위해서는, 이렇게 위로가 되는 말이 꼭 필요합니다. 지금까지 우리가 한 이야기를 떠올려 보세요.

아키라 ✋ 네, 내가 한번 정리해 보겠습니다.
'근거 있는 자신이 아니라, 근거 없는 자신이야말로 진정한 자신이다. 그리고 근거 없는 자신을 얻기 위해서는 대가 없는 사랑을 받아야 한다. 대가 없는 사랑을 받지 못했다고 해도 괜찮다. 자기가 좋아하는 일을 하면 된다. 자기 자신을 사랑하기 위해서는, 자기가 좋아하는 일에 몰두하면 된다' 는 것이었습니다.

센타로 🙂 역시, 함께 생각한 보람이 있군요.

아키라 ✋ 정말 그렇습니다.

함께 생각해 본다는 것을 굳이 의식하지 않아도 이렇게 바로바로 답이 나오네요.

센타로 🙂 그렇습니다.

학창시절에 공부하던 영어단어나 공식과는 다르게 일일이 외울 필요는 전혀 없어요.

말에 생명이 불어넣어지고,
말에 혼이 살아 있다.

센타로 🖐 잊으려고 해도 저절로 기억되는 것이 자기에게 있어서 진짜 필요한 것입니다. 무리해서 억지로 기억하려고 해도, 자기 자신에게 필요 없다고 생각되는 것은 차츰 잊게 되어 있어요.

자연의 섭리를 따라야 하는 것이죠. 인간의 뇌는 아주 자연스럽게 움직입니다.

아키라 🤚 왠지 충만해지는 느낌입니다.

센타로 🖐 대단한 결과입니다!

근거는 없어 보이지만요. (웃음)

아키라 🤚 네!

확실히 근거 없는 자신감입니다. (웃음)

센타로 🖐 근거 없는 자신감을 가지는 것만으로도 아키라씨가 하는 일은 앞으로 잘 진행될 것입니다.

아키라 틀림없이 그럴 것 같아요.

센타로 이제부터 희망하는 것이 이루어지겠죠.

아키라 그것도 확신할 수 있습니다.

센타로 그렇지만, 항상 함께 나눈다는 마음을 의식해 주었으면 좋겠습니다.

아키라 네, 그렇게 하겠다고 약속합니다.

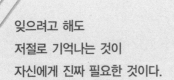

잊으려고 해도
저절로 기억나는 것이
자신에게 진짜 필요한 것이다.

아키라 나눔을 위해선 구체적으로 어떻게 하면 좋을까요?

센타로 자기한테 무엇인가 좋은 일이 생기면, 그것을 다른 사람에게 나눠주는 것이죠.

아키라 아, 그렇군요.

센타로 예를 들어서 오늘 이 이야기를 듣고 좋은 일이 생겼다고 해 봅시다.

아키라 네.
이 이야기 자체가 좋은 일이지만요.

센타로 그렇게 느꼈다면, 다른 누군가에게 이 이야기를 해 주는 것이죠.

아키라 아, 그러면 되겠군요….
그렇게 하겠습니다. 서둘러야겠지요?

센타로 🧑 서두를 필요는 없어요. 함께 나누겠다는 마음을 가지고 있다면, 반드시 도움을 구하는 사람이 눈앞에 나타날 테니까요.

아키라 🤚 그렇다면, 혹시 선생님도 저에게 이렇게 알려주신 것은, 다른 누군가에게서 배운 것을 함께 나눈다는 뜻인가요?

센타로 🧑 오오… 이제 아키라씨도 깨달음이 완성의 경지에 이르렀어요. 맞아요, 나도 그래요.

> 함께 나누려는 마음을 갖고 있으면,
> 도움을 구하는 사람이 눈앞에 반드시 나타난다.

센타로 🧑 이번에 아키라씨에게 알려준 것 중에 내가 처음부터 알고 있었던 것은 하나도 없어요. 전부 내 스승께서 가르쳐 주신 것들이지요.

아키라 ✋ 그렇습니까.

센타로 🧑 스승님께 배웠으니까 나도 그분께 은혜를 갚으려고 생각했지만, 내가 모자란 게 많아서 제대로 은혜를 갚을 수가 없어요.
그래서 내 후배나, 도움을 구하는 사람이 눈앞에 나타나면 알려주는 것으로 대신하고 있지요. 결과적으로, 그것이 스승에게 은혜를 갚는 것이 되니까요.

아키라 ✋ 정말 깊이 새겨들어야 할 말씀이십니다.
직감적으로 옳은 말이라는 생각이 듭니다.

센타로 🙂 꼭 이번 이야기에만 해당하는 것은 아닙니다.

근거 없는 자신을 갖게 되었기 때문에 아키라씨는 이제부터 틀림없이 자신의 일에서 활약을 하고 성공해 나갈 것입니다.

그리고, 그 다음에는 행복해질 기회를 만나게 될 것입니다. 그때 근거 없는 자신감을 계속 유지할 수 있는 방법이 바로 함께 나누는 것입니다.

아키라 ✋ 성공이라는 것은 함께 나눈다는 의미일까요?

센타로 🙂 네, 그렇습니다.

혼자서만 다 가지려고 하지 말고, 주위에 분산해 나누어 주는 것이죠.

좋아하는 사람들과 함께 나누는 일입니다.

> 근거 없는 자신감을 계속 유지하려면
> 함께 나눈다.

이기는 순환과 지는 순환

아키라 🤚 생각해 보면, 부자들은 모두 함께 나누는 사람들이네요.

부자들은 주위에 월급이나 이익을 나누어 주고, 우리 같은 샐러리맨은 월급이나 이익을 받는 일만 생각하잖아요. 그래서, 부자들은 부를 점점 쌓아가는 것이라는 생각이 듭니다. 진짜 단순하고 알기 쉬운 논리라는 것을 알게 되었습니다.

셴타로 👴 거기까지 이해가 되었다면, 더 이상 아키라씨에게 설명할 게 없습니다.

아키라 🤚 만약이라는 전제하에 물어보고 싶은데요, 만약 함께 나누지 않으면 어떻게 됩니까?

센타로 🙂 그때는 지는 순환에 들어가게 됩니다.

곧바로 지는 순환에 들어갈 수도 있고, 시간이 흐른 뒤에 들어가는 수도 있지요. 곧바로 지는 순환에 들어가는 경우는 궤도를 수정하기가 비교적 쉽지만, 시간이 흐른 뒤에 수정하려고 하면 더 힘들게 됩니다.

아키라 ✋ 질병과 똑같군요.

센타로 🙂 그렇습니다.

세상의 구조는 단순하고 모두 같다고 생각해도 됩니다.

아키라 ✋ 이번에 들은 이야기는 저에게 큰돈을 벌게 해 준 것과 같은 것이었습니다. 확실히 그런 것 같습니다.

> **부자들은 주위에 월급이나 이익을 나누어 주는 반면,**
> **샐러리맨은 월급이나 이익을 받는 일만 생각한다.**

셴타로 💆 잘 이해해 주었네요. 나도 이 이야기를 스승에게 들게 되었을 때 아키라씨와 같은 생각이었어요.

아키라 ✋ 선생님도 그랬습니까! 그 말 들으니 기분이 좋습니다.

셴타로 💆 이제 더 이상 아키라씨에게 가르쳐 줄 게 없기는 하지만, 한마디 덧붙이자면 부자가 되는 일은 간단합니다.

아키라 ✋ 근거 없는 자신감으로 성공하고, 함께 나누는 일을 계속하면 된다는 말씀이지요?

셴타로 💆 완벽해요.

아키라 ✋ 인생에서 중요한 것은 자기가 좋아하는 일을 하면서 사는 것입니다. 돈은 한참 후순위에 있어요. 두 번째도 아닙니다.

센타로 😊 자기가 좋아하는 일을 하면서 돈이 술술 모인다면, 일부는 자기 것으로 하고, 나머지는 함께 나누면 됩니다. 이렇게 하면 다 쓰고 남을 정도의 돈이 부메랑처럼 돌아옵니다.

이러한 구조를 피부로 느끼게 되면, '근거 없는 자신감'이 더욱더 강해집니다.

아키라 ✋ 아무리 큰 부자라고 해도, 가지고 있는 돈이 다 자기 것은 아니라는 느낌이 드는데요.

> 부자가 되는 일은 간단하다.
> '근거 없는 자신감'으로 성공하고,
> 함께 나누기를 계속하면 된다.

센타로 🦰 맞아요. 바로 그겁니다.

땅과 같은 것이지요. 이 세상에 인간이 본질적으로 소유할 수 있는 것은 하나도 없다는 것을 알겠지요?

모든 것은 우리가 빌려 쓰는 것이라고 생각하면 되요. 그러면 감사하는 마음이 저절로 생기게 되지요. 그리고 일을 하면서 어떤 어려움이 닥쳐도 겨우 이 정도 어려움에 좌절하지 않는다는 마음이 생기지 않나요?

아키라 ✋ 편집부에서 서점 영업으로 이동되어서 힘들어 했는데, 그때는 왜 그랬는지 모르겠어요.

잘 모르겠지만, 지금부터는 대단히 좋은 일이 내게 생길 것이라는 확신이 생겼습니다.

센타로 🦰 그게 바로 '근거 없는 자신감'의 모습입니다.

아키라 ✋ 선생님, 정말 감사드립니다!

센타로 🦰 내가 더 즐거웠지요.

아키라 🖐 이른 감이 들긴 하지만, 오늘 선생님께서 해 주신 이야기를 책으로 만들겠다는 제안을 회사에 해 보겠습니다.

센타로 😊 오! 그거 재미있을 거 같네요.

아키라 🖐 네.
책으로 낸 후에, 이번에는 편집자가 아니라 영업 담당자로, 전국에 있는 서점 제일 좋은 곳에 책이 진열되도록 노력하겠습니다. 이보다 더 보람 있는 일은 없을 것 같아요.

이 세상에 인간이 본질적으로 소유할 수 있는 것은 하나도 없다. 모든 것은 우리가 빌려 쓰고 있다고 생각하면 감사하는 마음이 저절로 생기게 된다.

아키라 🐣 모든 일이 내 편이 되어 줄 것 같은 생각이 들어서, 뭔가 어서 빨리 해 보고 싶다는 느낌이 들어요.

센타로 🧑 이제 아키라씨는 다른 사람으로 다시 태어난 것이나 마찬가집니다.
축하합니다. 진심으로 축하합니다.

진정한 자신감을 찾아 주고
인생의 성공을 보장하는 7가지 조언

1

근거 있는 자신은 거짓 자신. 근거 없는 자신이 진짜 자신감이다.

2

근거 없는 자신감을 얻기 위해서는 무조건적인 사랑이 필요하다.

3

무조건적인 사랑을 받지 못해도 괜찮다. 자신을 사랑하면 된다.

4

자신을 사랑하려면, 자기가 좋아하는 일에 몰두한다.

5

자기가 하는 일이 좋아지면, 사람도 돈도 모인다.

6

돈과 행복이 모이면, 그것을 필요로 하는 사람과 함께 나눈다.

7

근거 없는 자신감으로 성공하면 나눔을 계속한다.

■

이렇게만 하면 부자가 되는 일은 간단하다!

아무리 성공하더라도,
그걸 함께 나눌 상대가 없다면
아무 의미가 없다

옮긴이 **황미애**는 숭실대에서 국어국문학과 일문학을 전공했다. 졸업 후 일본 관서외어 전문학교에 진학해 무역학을 공부했다. 현재 특허분야의 일본어와 한국어 전문 통번역사로 활동하고 있다.

근거 없는 자신감으로 세상과 마주하라

초판 1쇄 인쇄 | 2012년 9월 6일
초판 1쇄 발행 | 2012년 9월 14일

지은이 | 센다 다쿠야
옮긴이 | 황미애
펴낸이 | 이기동
편집주간 | 권기숙
마케팅 | 이동호 유민호
주소 | 서울특별시 성동구 성수동 2가 300-1 삼진빌딩 8층
이메일 | icare@previewbooks.co.kr
블로그 | http://blog.naver.com/previewbooks
홈페이지 | http://www.previewbooks.co.kr

전화 | 02)3409-4210
팩스 | 02)3409-4201
등록번호 | 제206-93-29887호

교열 | 이정우
편집디자인 | 에테르
인쇄 | 상지사 P&B

ISBN 978-89-97201-06-8 03040